CLAUDE MARC

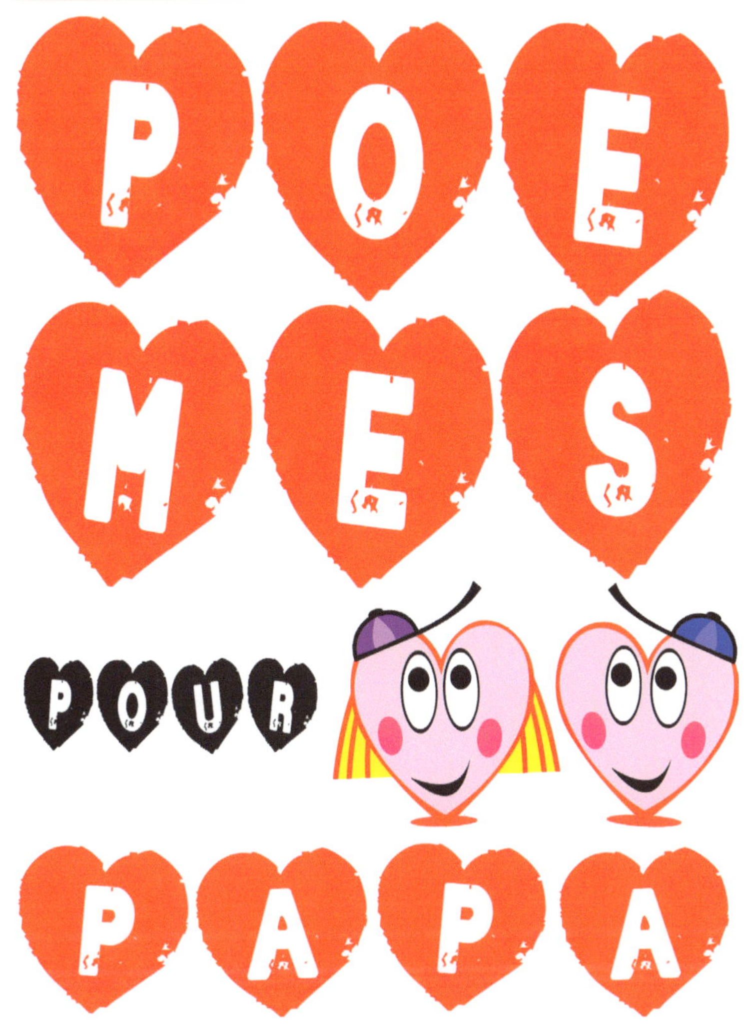

© Claude Marc 2012. Papa depuis 1987.

www.Pour-enfants.fr

Jeu.so

Mon daron

Mon daron
A un ventre rond.
Mon papa
A un ventre plat.

Ventre plat ventre rond.
Moi je l'aime mon daron.
Ventre rond ventre plat.
Moi je l'aime mon papa.

Papa Paulo

Papa Paulo
Roule à vélo.

Papa Momo
Roule en chameau.

Papa Toto
Roule en moto.

Moi mon papa n'a pas de vélo,
N'a pas de chameau,
N'a pas de moto.

Mais il me porte sur son dos
Et ça c'est vraiment rigolo.

J'avoue papa m'a épaté

J'avoue papa m'a épaté.
Les pneus à plat ont éclaté
Et mon épatant papa
A réparé les pneus pétés.

Il a pu papa
Il a pu papa

Réparer les pneus à plat.

Il a pu papa
Il a pu papa

Réparer les pneus pétés.

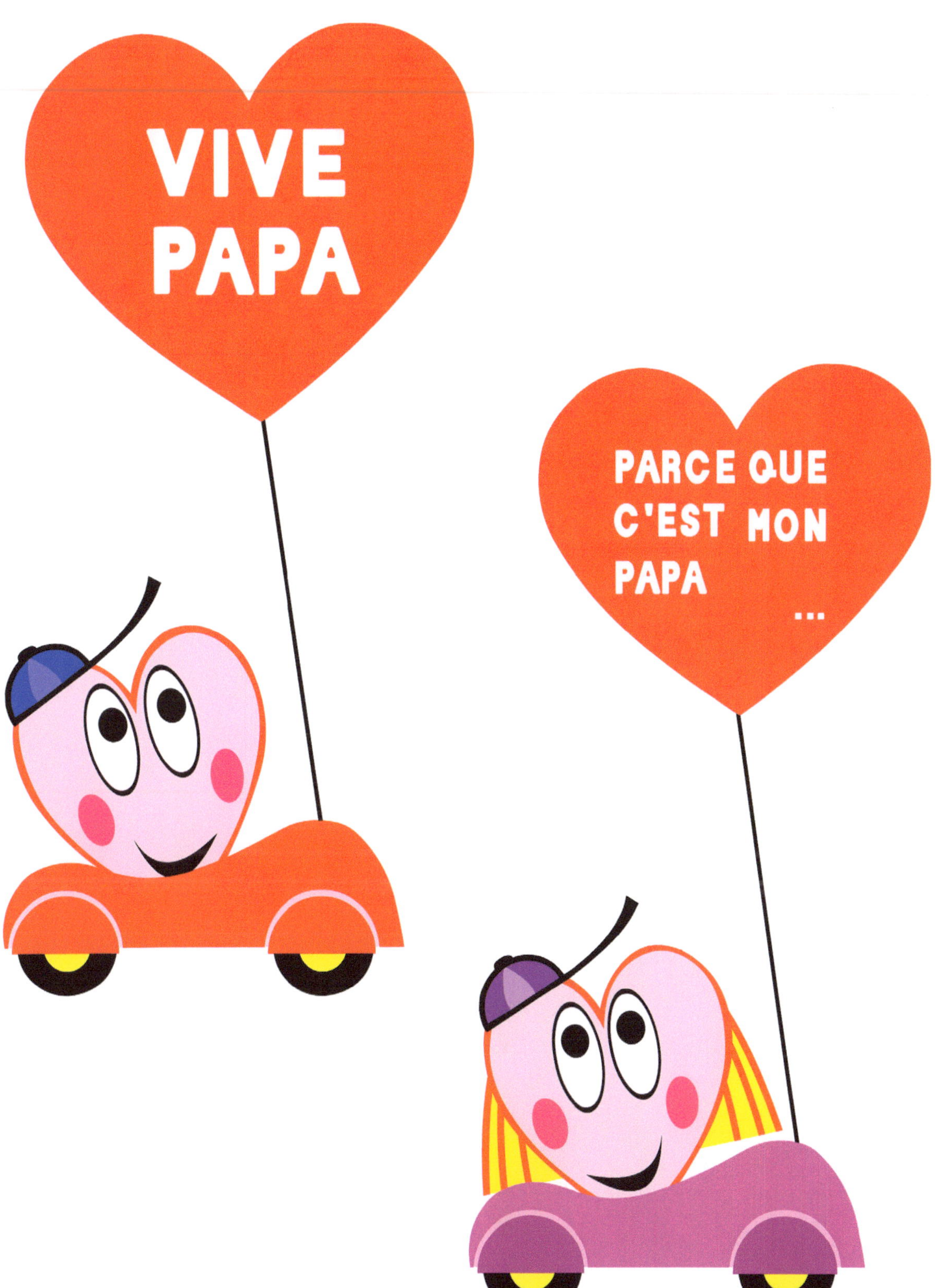
VIVE
PAPA
PARCE QUE
C'EST MON
PAPA
...

Quand on a un papa véner

Quand on a un papa véner,
C'est à dire VRAIMENT en colère,
Il vaut mieux sans en avoir l'air
Éviter son pied au derrière.

Quand on a un papa véner,
Il vaut mieux fuir à dromadaire,
Se réfugier chez sa grand-mère,
Le laisser faire sa grosse colère.

Laisse-le crier tout seul,
Laisse-le beugler tout seul,
S'époumoner tout seul,
Tout finira par s'arranger.

Un papa papillon

Un papa papillon
Qui pique un roupillon.

Un papa pas payé
Qui pique un peu de
pognon.

Un papa pas payé
Ou qu'a pas ses papiers

C'est comme les
papillons
Il y en a des millions.

Bébé cigogne

Bébé cigogne
Tombé du nid.

Bébé cigogne
Se cogne.

Maman cigogne
Rentrée au nid.

Revenue de
Pologne.

Papa cigogne
Rentré au nid.

Papa cigogne
En rogne.

Mon daron le baron biron

Mon daron
Le baron Biron
Ne se fait jamais de mouron.

Qu'il soit pauvre ou bien qu'il soit riche

Mon daron
Le baron Biron
N'a jamais le coeur en friche.

Mon daron
Le baron Biron
Est un polisson.

Mon papa roule dès juin

Mon papa il roule dès juin
Dans un gros camion.

Et on m'a dit que papa
Il est en prison.

Moi je comprends pas pourquoi
Mon gentil papa

Il est allé en prison
A cause d'un camion.

Un papa pas poli

Un papa pas poli
Il est allé au lit.

Un papa pas poli
Étalé où au lit.

Un papa pas poli
A pété oh la la.

Un papa pas poli
A pété et alors ?

Papa a eu un accident

Papa a eu un accident
Mais c'est pas grave il est vivant.

Il s'est cassé une ou deux dents
Mais c'est pas grave il est vivant.

On va pas pleurer pour deux dents
Car mon papa il est vivant.

VIVE
PAPA

Ventre en avant

Ventre en avant
Papa ventru.

Fesses en arrière
Papa fessu.

Ventre en avant
Fesses en arrière.
Et qu'en est-il de ma carrière ?

Ventre en avant
Fesses en arrière.
Aurai-je des coups de pied au derrière ?

Fabrice

abrice

Mon fils

Tu ne peux pas rentrer dans la police,
Tu as les yeux noirs.

Fabrice
Mon fils

Ta mère te l'a dit cent fois.

Pour entrer dans la police
Il faut avoir les yeux bleus.

Fabrice
Mon fils

Ne vas pas faire le malheur
De ta mère.

Tu sais qu'elle préfère l'uni.

Je t'offrirai pour bijou

Je t'offrirai pour bijou
Un collier de poux.

Un collier de poux si doux,
Poux de Katmandou.

Je t'offrirai pour bijou
Un collier de poux.

Un collier de poux furieux,
Jaloux de tes yeux.

Et puis nous irons tous deux
Comme deux amoureux

Danser la polka piquée,
Piqués par les poux.

Papa ronfleur

Papa ronfleur
Offre des fleurs
A ma maman.

Car ma maman
Aime les fleurs
Évidemment.

Maman passe ses nuits blanches
A regarder ses pervenches

Du lundi jusqu'au samedi
Sans fermer l'œil de la nuit.

Elles sont bien jolies ces fleurs.
Mais quand même papa ronfleur,

Je veux dormir le dimanche.

Il a raison papa

Il a raison papa
D'arriver pas rasé.
Il a raison d'oser.

Il a raison papa
D'arriver pas rasé
En rusant le rasoir.

Mon papa est charcutier

Mon papa est charcutier.
Il a des pieds de veau.
C'est pour ça que mon papa
C'est bien le plus beau.

PAPA NE FAIT PAS

PAPA NE SE CASSE PAS LA FIGURE.

IL TESTE LE SEUIL
D'AMORTISSEMENT DU BÉTON.

PAPA NE RONFLE PAS.

IL ASSURE LA SÉCURITÉ
DE LA MAISON EN SIMULANT
UNE PRÉSENCE PERMANENTE
DES LIEUX PENDANT LA NUIT.

PAPA NE SE MET PAS EN COLÈRE.

IL THÉÂTRALISE
UNE SITUATION DE CRISE.

PAPA N'EST PAS AU CHÔMAGE.

IL PARTICIPE À UNE EXPÉRIENCE COLLECTIVE NATIONALE.

PAPA NE RÂLE PAS.

IL EXTÉRIORISE UN MONDE INTÉRIEUR TUMULTUEUX.

PAPA NE DIT PAS DE GROS MOTS.

IL FAIT DES RECHERCHES SUR LES RAPPORTS DE CLASSE DANS LES EXPRESSIONS LANGAGIÈRES.

PAPA NE CHANTE PAS FAUX.

C'EST DES CHANSONS
DE RENAUD.

PAPA NE FRAUDE PAS DANS LE MÉTRO.

IL POURSUIT UN LONG TRAVAIL D'INVESTIGATION SUR LE STRESS DU CITOYEN EN GRANDE PRÉCARITÉ.

PAPA NE FAIT JAMAIS LA VAISSELLE.

IL NE VEUT PAS FAIRE RESSENTIR À MAMAN LE CARACTÈRE EXTRÈME DE SON ALIÉNATION.

PROVERBES

S I TON PÈRE VA AU BISTROT

C ONSEILLE-LUI DE BOIRE DE L'EAU.

QUAND PAPA PAIE SES IMPÔTS

PRÉPARE-TOI À PASSER LE CHAPEAU.

SI TON PÈRE EST AU CHÔMAGE

DIS-LUI BIEN QUE C'EST DOMMAGE.

ALORS, T'AS AIMÉ LES POÈMES ?

OUAIH, C'EST PAS MAL...